절絕
창唱

| 책머리에 |

봉두난발의 춤

    겨울의 깊이를 지나왔다. 때문에 봄을 기다리는 눈이 한층 밝아지고, 마음이 따라가는 길이 환한 소식으로 문을 두드리는 것 같을 때, 시의 여행은 즐거움이었으니 미상불 더 높이와 깊이를 천착(穿鑿)하는 놀이에 신명이 정점에 오르는 기분이다. 신명(神明)은 더불어 가는 길이 아니고 오로지 혼자 가는 길이 절로 취한 모습이라 봉두난발(蓬頭亂髮)이 가관일 것이다. 그러나 마지막을 향한 내 운명의 질주라 생각하고 또 한 매듭을 엮는다.

2018년 2월 22일

문사원(文士苑)에서
오골성(傲骨城)

| **책머리에** | 봉두난발의 춤

제1부 광인(狂人)의 춤은

바다의 통곡 • 16

바다와의 약속 • 17

바람잡기 놀이 • 18

강릉에 가면 • 20

따스하면 되느니 • 21

거북과 토끼 • 22

마음, 깊이를 방문하려니 • 24

철학의 주저증 • 25

안식 • 26

울면 될까 • 27

청보리밭 • 28

광인(狂人)의 춤은 • 29

희수(喜壽)역 도착에 • 30
- 일여. 논어 4체 완성에

자존심 • 31

무게 • 32

Contents

제2부 운명 감별법

운명 감별법 • 36
세한도 – 추사.1 • 37
에세이스트 – 추사.2 • 38
역경에서 얻은 자유정신 – 추사.3 • 39
제자 이상적 – 추사.4 • 40
제자 • 41
천진 • 42
변화에 따라 • 43
어찌하면 • 44
무료 • 46
귀환 • 47
느린 자의 안식 • 48
청년이여! 의젓하자 • 50
부끄러움 • 54
경계의 소멸론 • 55

제3부 무법(無法) 구출

희망 혹은 절망의 순서 • 58

무법(無法) 구출 • 59

질문 • 60

두려움 • 61

시와 생물학 • 62

시와 세포학 • 64

공자가 노자를 만나 듣는 설교 • 65

이제 희수(喜壽)를 지나니 • 66

소묘(素描) • 67

이름에 대한 단상 • 68

밀턴을 위하여 • 69

햇살 명상 • 70

경험 • 71

타협 • 72

허점 투성이 • 73

어머니 방문 • 74

Contents

제4부 사상의 언덕

롯데의 미소 • 76
입춘 – 소네트처럼.1 • 77
천진 – 소네트처럼.2 • 78
누이를 위한 노래 – 소네트처럼.3 • 79
침묵 앞에서는 – 소네트처럼.4 • 80
자유 – 소네트처럼.5 • 81
나무의 메시지 – 소네트처럼.6 • 82
난센스 • 83
방황 • 84
웃음 • 85
용불용 • 86
적자생존 • 87
종달새와 뜸부기 • 88
사상의 언덕 • 90
사랑 이해 • 92

제5부 황혼 감상기

내 노래는 • **94**

맹동(猛冬) • **95**

맹풍(猛風) • **96**

황혼 감상기 • **97**

겨울 깊이에는 • **98**

풍경 • **99**

뒤집어 일기 – 죽박죽뒤.1 • **100**

팡세 읽기 – 죽박죽뒤.2 • **101**

뒤에 오는 소식 • **102**

처방전 • **103**

준비물 • **104**

홍길동에 부탁의 말 – 홍길동.1 • **105**

소지(燒紙) 올리듯 – 홍길동.2 • **106**

물음 – 홍길동.3 • **108**

고발 – 홍길동.4 • **109**

Contents

제6부 가면 놀이

세상 읽기 - 홍길동.5 • 112

춘향과 길동의 결혼 - 홍길동.6 • 113

양반 되기 - 홍길동.7 • 115

장군 - 홍길동.8 • 116

정의 - 홍길동.9 • 117

요즘 홍길동 - 홍길동.10 • 118

다시 정의 - 홍길동.11 • 119

가면 놀이 - 홍길동.12 • 120

사랑을 말하기엔 아직도 • 122

내 머릿속 • 123

기다리는 소식 • 124

초현실 상황 • 126

초현실 기차의 추억 • 127

꽃 • 128

나그네 • 129

제7부 첫발자국

첫발자국 • 132

자유를 얻기 위해 • 133

수도꼭지 • 134

영혼을 깨울 것 • 135

태연한 척 나무들 • 136

집으로 • 137

낙조 단상 • 138

눈 같아라, 사는 일 • 139

순간에 사라졌네 • 140

판 • 141

사다리에서 내리기 혹은 오르기 • 142

천상에서 시 찾기 • 144

지상에서의 시 • 145

고향으로 가는 사람들 • 146

집으로 가자 • 147

Contents

제8부 청산정곡

와(蛙), 섬(蟾), 민(黽)　•　150

노래가 나오는 이걸 어쩌라고　•　152

밥이나 먹자　•　153

종점 어름이면　•　154

어디쯤이면　•　155

처용가　•　156

이치 터득　•　157

청산정곡　•　158

수로의 한탄 – 수로.1　•　160

이별 앞에 서면 – 수로.2　•　162

사랑의 믿음은 – 수로.3　•　163

철쭉 빛이면 – 수로.4　•　164

진달래 빛에는 – 수로.5　•　165

기다림을 심고 – 수로.6　•　166

밀어 – 수로.7　•　167

제9부 황홀

꽃잎이 떨어질 때엔-수로.8 • 170
이별 예고에는-수로.9 • 171
파도의 교훈 • 172
청보리밭 • 173
처용의 슬픔에는 • 174
뒷 모습이 아름다운 사람 • 176
인연법엔 • 177
강태공망의 아내 • 178
애인을 만들고 싶은 날 • 179
창 • 180
풍선 • 182
변화 혹은 지혜 • 183
kiss • 184
소망 • 186
황홀 • 187

Contents

제10부 명인(名人) 혹은 절창(絕唱)

놀람 • 190

시성(詩聖) • 191

명인(名人) 혹은 절창(絕唱) • 192

문 앞에 이르면 • 193

양파 까기 • 194

변명 • 195

평등 • 196

그대 만약에 • 197

꽃의 묵시(默示) • 198

걸음을 걷듯 • 199

현기증 • 200

문제의 진원 • 201

월매의 호들갑에는 • 202

황진이의 고백 • 204

위로 • 205

달빛 유혹 • 206

다자 변명* • 207

제1부

광인(狂人)의 춤은

바다의 통곡

늦은 오후
겨울 바다가 보고 싶어
길을 달려 강릉 바다
경포대 파도 앞에 섰더니
'검은 밤 소나무에 걸린 음력 섣달
초닷새 초승달'*이 비웃고 있었다
새로 지은 큰 호텔 스카이 베이
높은 꼭대기 19층만
위세 좋게 환한데 아래로
서너 개 방에 불빛만
초라하기 무섭다 연신 성난
분노처럼 밀려드는 파도에
돌아서 귀가하는 내 등 뒤를
따라오는 파도는
비웃음을 날리면서
빨리 가라 재촉하는 파도가
삼킬 듯 덤벼드는 이 밤은
잠을 이루지 못했다

* '17. 1. 21. 겨울 올림픽 공연 준비차 일개 북한 악단장 외 일행 7명이 묵었고, 큰 호텔이 텅 비었다.

2018. 1. 22.

바다와의 약속

보고 온 바다가
떠날 때 부탁하길
육지 세상에 가거든
때 절어 거짓말하는
사람들을 골라
바다로 보내라 한다
어떻게 보내느냐 물으니
더러운 마음을 자루에 담아서
택배로 보내달라기에
그러마 하고 돌아와
자루를 펴고 이놈 저놈
보아왔던 놈들을 밤에 몰래
담으려니 하도 많아 그만
날이 밝아 모두 도망가는
뒷자락을 잡을 수 없어
약속을 지키지 못한 체
전전긍긍하고 있습니다

2018. 1. 23.

바람잡기 놀이

종을 때리고 달아나는
이놈을 붙잡기 위해
날마다 숨어
어디서 오는가
어디로 가는가를
헤아리는 계산이 치밀해도
내 수학 실력은 어림없는
놀림으로 끝난다

할 수 없어 그냥
마음을 접어 바라보기로
태평스레 발을 뻗어
하늘이나 구경하려니
어느 틈에 내 곁에 다가와
노래 한 소설을 부르게
부추기는 설득에
엉키는 목청 멋 부리는
고음에 이르러 그만
눈을 감고 말았다

하마 저 멀리
나무 끝에 흔들리고 있는
종소리의 여운만
바라볼 뿐
오늘도 헛수고의
하루가 간다

                                                  2018. 1. 23.

강릉에 가면

강릉에 가면 나는
기어이 바다가 된다
한사코 떨어져 파도를
바라보는 일을 접어 바다가
되고 싶은 소망인데도
발이 젖을까 파도를 피해
뒤로 물러나는 결국
구경꾼으로 돌아오는
내 비겁의 뒷걸음에
고속도로를 따라오는 성난 바다
눈이 퍼렇게 멍이 들어
후회의 파도가 끝까지
따라온다

2018. 1. 23.

따스하면 되느니

천 년 전이나 지금이나 바라보는
산 능선 변함없는 줄기 따라
햇살 바른 언덕에 아주 작은
공화국을 만들어
아침 해 다가오면 문을 열어
시원한 바람 불러들이고
맑은 물 솟아나는 샘물
작은 땅 가꾼 푸성귀
황혼이라 어둠 맞을 채비로
연기 오르는 초저녁 고요
지각에 허겁지겁 달이 오는데
불빛 새어 나오는 창문으로
도란거리는 말소리
따스하면 되느니 모든 게
따스하면 되느니

2018. 1. 24.

거북과 토끼

아무리 빨리 달려도 토끼는
거북을 따라잡을 수 없다는
제논*의 명제는 옳다 왜냐하면
둥근 원에서 앞을 바라 뛰면
앞이 뒤가 되고 다시 뒤집어
앞으로 변하는 설명을 들으면
수긍하게 된다

흰 말은 말이 아니다 또한
옳은 말이다. 하얀색에는
빨강이 오면 빨갛게 되고
푸른색이 오면 푸르게 변하는
변환의 풍경으로 돌아오는
어제가 오늘이 되는 것처럼
오늘은 다시 내일을 불러오는
이치를 알게 된다

토끼와 거북이 아무리
경주를 한다 해도
거북은 거북처럼 걷고

토끼는 토끼처럼 걷는다고
주장하기 때문에 둘의
말은 옳을 뿐이다

* 궤변논자

2018. 1. 23.

마음, 깊이를 방문하려니

명경지수 호수라기에
들여다보았지요
빠지면 어떨까 자꾸
흔들리는 마음이 부풀어
그만 한 발을 들여 넣고
다시 보니 오라 오라는 듯
시원한 마음 길이 열리고
바람도 상쾌한 조력자로
웃으며 지나더라고요 그런데
아무리 깊이 들어가도
마음의 끝은 보이지 않고
바람에 매달린 노래가
어디서 많이 들은 듯하여
귀를 세우니 들리는 소리
너무 깊으니 돌아가라
빠지면 죽는다의 경고음
결국 명경지수라는 마음에
깊이를 모르고 그만 헤매다
돌아왔습니다

2018. 1. 25.

철학의 주저증

바람이 있어야 불이 커지듯
사랑은 장벽 앞에서 커지는 이것의
소용이 저것에는 미움이 되는
철학은 항상 머리가 아프다
불이 커지면 미움을 받고
삼복염천에 불러내는 바람은
같지만 다르게 보는 이방성
헷갈리는 일이 어디 한 둘일까만
사랑과 미움의 중간에 이르면
마음이 결정하는 무언가
주저증이 길 많은 길에 들어
심각한 척 망설임이나 초대하여
어찌할까를 묻는 일이
철학의 첫 페이지에는 꼭
암호같이 쓰여 있다니

2018. 1. 25.

안식

하늘은 게으르다 겨우
느릿한 구름에게 자리를 내주고
풍경화를 그렸노라 안심하는
저 태만의 푸른 색깔
바라보는 일로 눈에 위안일 뿐
어디 쓸모가 있던가

산은 할 일이 없어 날마다
그 자리에서 여름이면 푸르고
가을이면 누렇게 뜬 얼굴
겨울이면 감추느라 바쁜
무슨 비밀이 그리 많아
모두 내어주고 그냥 서 있을까

하지만 위안이 되는 것
하늘이나 산을 없앤다면
눈 둘 곳이 없어 맨날
싸움판을 벌이는 사람 세상
외면하고 바라볼 것이 있어
하늘과 산이 있어 차라리
안식이라 고맙다

2018. 1. 25.

울면 될까

어디로 가는가 저물어
바라보는 저물녘 이미
불빛 두엇쯤 멀리 보이는데
지나온 자취 하마 멀리
밤길은 다시 문 앞에서
어릿어릿 재촉을 앞세운
땅거미 이미 사라졌는데
내가 쓴 하루는 정말로
어디로 갔을까 내가
나를 알지 못하는 자취
금시 지난 것도 알지 못하는
울고 싶어라 내 모습
사는 날까지 되풀이 될
뉘우침뿐이라 눈먼
이 노릇을 정말로
울고 싶어라

2018. 1. 25.

청보리밭

얼어 세상은 고요한데
싹을 키우는 청보리
추위 칼바람 얼음장
사는 일은 매양 이렇거니, 해도
마련할 준비로 감춰둔
꿈이야 얼 수 있으랴
등성이 어디쯤 다가오는
그 소리를 듣기 위해
귀를 열어 고요를 다독이느니
문 닫고 떠날 삼동의 기별
손을 흔들어 보낼 날까지는
숨죽이는 일도 살아
목숨을 부지하는 길이어니
그런 길도 있느니
지금은

2018. 1. 26.

광인(狂人)의 춤은

내일 세상 하직한다 하더라도
푸른 시 밭에서 너울춤
누가 알랴 손가락질
매서움이 파도가 된다 해도
기억들을 모아 상상의 뱃전
흥겨운 파도는 좋을 것을
살아 오로지 꿈꾸는 이유
절망을 파묻기 위해 날이 날마다
땅을 파는 노동의 땀
악착스레 달려드는 좀비와 맞서는
이제도 큰 키 더욱 키우는
해바라기의 시선으로
장판교 앞에 눈 부릅뜬
장비의 위세가 되려네

2018. 1. 26.

희수(喜壽)역 도착에
一如 문영오의 〈논어 篆.楷.隸.行 서사(書寫)〉

누구든 가로막대를 건너야 할
그런 준비가 다가올 때쯤
이유 모르는 쓸쓸 무언가
남겨야 하는 뜻이
희수(喜壽)역 도착 점차 다가오는
소리 없음도 소리로 들리는
이명(耳鳴)의 비명조차 흔들린다

멀리 있어도 가까운 그런
사람의 음신(音信)이 그리운 날
눈을 들어 하늘 푸른 깊이까지
당도한 반가움의 체취
공구(孔丘)도 즐거워할
명필 서사(書寫) 4체가
낙관(落款)을 기다리고 있다

2018. 1. 26.

자존심

누가 세워 줄 것인가 비록
초라한 그림자랄지라도
내 것이기에 조금의 훼손도
방어막을 치는 뼈아픈 속내
이웃 누구도 위로의 항목을
갖고 있지 않음이라
손을 내밀되 속 깊이 마음
그 마음을 다듬어야 하리
눈보라 바람이야 어느 땐들
또한 천기(天機) 불손도
길을 알아 지나는 운명은
제 홀로 변하는 길에
내 철학은 중심을 잡고
겨울나무처럼 서 있어야 할
바람 흔들리는 멀미 속에서
발은 땅에 굳건히 그리고
눈은 멀리 우리가 살아
해야 할 이유일 뿐이라
가슴만 뛴다면
가슴이 뛴다면

2018. 1. 26.

무게

주의 문왕이 함(喊) 땅에 구경 가서 곧은 낚시 노인의 자적(自適)을 보고, 그를 등용하여 3년 후에 나라를 시찰하니 '법령을 바꾸지도 않았고, 특수한 명령을 내리지도 않았으나 조정의 신하들은 당파의 우두머리를 없애고, 파벌을 해산해버렸고, 관청의 우두머리들은 자기의 공로를 내세우지도 않았고, 단위가 다른 도량형들이 감히 사방의 외국으로부터 들어오지 않고 있었다.
우두머리를 없앤 것은 화합하기 위함이요 또한 신하들이 자기의 공로를 내세우지 않는 것은 여러 사람들과 함께 일하기 위함이고, 도량형은 제후들이 다른 마음을 갖지 않기 위함이었다.
"이 정치를 온 천하에 미치게 할 수가 있겠습니까?"
예를 갖추어 제자가 된 문왕의 질문에
함(喊) 땅의 영감은 아무것도 모르는 듯이 멍청히 사직(辭職)을 하였고, 도망하여 평생토록 소식이 알려지지 않았다.

높이에 오르면 눈이 달라야 하고, 마음이 넓어야 하고, 가슴은 바람의 소통이 있어야 하느니, 패거리 파당을 일삼아 그 고통은 결국 누가 짊어지는 뒷날의 무게일까?

제2부

운명 감별법

운명 감별법

만약 앞에 있다면 볼 수 있어
돌더미 웅덩이라도
피할 일이지만 항상
뒤에 오는 길을 고집하니
따라오라 부탁하고 오늘도
길을 나선다 눈을 크게 뜨고
날이 날마다 걸어 무엇을 찾는
결국 손에 들어오는 허망에
운명도 빠져 후줄근한 모양을 보노라니
앞으로 걷는 내 발길이 점차
갈피를 잡지 못하고 걷는다

2018. 1. 27.

세한도
추사. 1

고독은 밀물과 썰물이듯
세한도 오두막집에
오도카니 앉아 있는 추사는
추위를 막았던 잣나무도 부러졌고
추위보다 두꺼운 검은 그림자
고독이 짙은 음영으로 마음을
어둠으로 몰아갔지만
파도가 넘겨주는 소식은
항상 썰물에 따라갔다

변명이 없을 때 사람은 아름답거니
춥거나 더위 운명을 재우느라
겨울밤이 등성이를 넘을 때
아침을 바라는 마음으로 한 줌
햇살이 눈을 뜨는
오두막에도 살아나는
집 한 채가 의젓하게
그림으로 살아나고 있었다

2018. 1. 27.

에세이스트
추사. 2

권력에 오르면
세상의 색깔이 변한다
그러나 귀양살이 멀리
뱃전에 고독을 싣고
바라보는 세상은 그때
제대로의 색깔이 된다

그림을 그리는 화가는
시간마다 변하는 빛
그 빛을 추적하느라 종일
눈을 뜨고 살아도
못 미치는 아픔을 괴로워한다

추사는 화가가 아니다 그림 속에
사상을 담은 에세이스트라 깊이가
여름날 샘물의 물맛처럼
담백하다는 말이 헌사로 따라가는
그 말이 아파 절룩인다

2018. 1. 27.

역경에서 얻은 자유정신
추사. 3

자기를 지키는 일은
세상에서 가장 어렵다
이 문제를 쉽게 풀어내는
방법은 아주 간단하다
역경은 이기고 참고 그리고
미움 없이 붓을 들면 된다
이리저리 귀양살이 위리안치
날카로운 가시로 담장을 친다 해도
자유로 가득 채운 마음의 자유
그 깃발이 날리는 뜻은 결코
귀양을 보낼 수 없어
궁리 중이지만 추사의
혼이 웃고 있는 풍경이 있다

2018. 1. 27.

제자 이상적
추사. 4

평생 선생을 했어도
제자 한 명이 없는 가난은
돈이 없음이 아니다
한 가마 쌀보다 멀고 먼 청나라에서
한 짐의 책을 보내준 상적*의
스승 존경에는 샘물도
따라왔었다 그 밤은
눈발이 날려도 따스한 밤
귀양살이 고독도 눈이 밝아져
마음 출렁이는 파도가
노래로 들려왔었다

* 만학집. 대운산방문고. 황조경세문헌 등 120권 79책을
  귀양처로 보내주었다.

2018. 1. 27.

제자

중세 불란서 3대 비련사
아베라르와 에로이즈를 읽었다
둘은 제자에서 사랑으로
고운 이름을 얻었다
소동파의 사촌누이 조운과의 사랑
맺지 못해 눈물이 된 서체
서화담과 황진이를 읽었다
유혹에서 제자로의
아름다운 승화는 백미
다산과 이상적의 사제의 정
시대의 정신을 세웠다
소크라테스 → 플라톤 → 아리스토텔레스
그들은 이어 이어 서양
정신의 기둥

평생 밥벌이 선생
월급날만 기다린
삭막한 노릇
당연하다 당연하다

2018. 1. 28.

천진

천진스런 바람은
들판을 가로질러
방향도 없이 어디로 가길래
좌충우돌 보는 것도 신기하여
"아서라! 가지 말고 나와 놀자"에
들은 척 만 척 이리저리
풀잎 끝에서 초록을 갖고 노는
재미를 바라보는 것보다
스사로 펄떡이는 것
바람만이 그것을 안다

2018. 1. 28.

변화에 따라

계절이 변하면
마음도 거기 따라간다
보는 것은 믿는 것이 되고
믿는 것에 나타난 풍경
깊은 곳에서 움직이는
생명의 솟아남도 반가운
그때 다가오는 속삭임
매번 돌아오는 변화에
흥을 기록한다 아침이 오듯
관성이 낳은 습관이
날마다 작동하는 이제도
변화 앞에서 새로운
기록을 연습한다

2018. 1. 31.

어찌하면

어찌하면 그대의 가슴에
불을 질러 타들어 바라보는
멀리 불빛으로 명멸하는
보아도 아름다움인 것을
어찌해야 그대 가슴이 타오를까

어찌하면 호수
그 맑음의 깊이에 당도하여
푸르게 칠해진 여운을 따라가면
미처 생각하지 못했던
그대 마음 깊이 이르러
아늑하면 꿈이 오는
그 길에 그대와 마주 잡은 손
미소가 꽃이 되는 길이 보일까

아는 것보다 모르는
찾아 헤매는 길 없음을 탓하랴
작정 없이 떠도는 것도
젊어 한때의 일이라면
사랑도 솟아 이름을 달라 보채는

철없는 바람의 자락에 매달린
환영의 너울춤 돌아가야 하리
그대를 위해 땀 흘리는
그것뿐 아무것도 없어라

                                                 2018. 1. 28.

무료

무료와 함께
흔들의자에 앉아 있으려니
멀리서 까딱거리는 나무 꼭대기
그때사 바람의 기미를 알고
창문을 조금 열고
세상의 소란을 불러들이니
내 심심은 조금 풀어진
빨랫줄에 걸린 바람춤이라
반갑게 찾아온 햇살도
거드는 시늉을 보노라니
무료도 풀어져 점차
세상의 소란에 빠져드는
왁자한 소리들이
방안에 가득하다

2018. 1. 28.

귀환

세상 소란과 아우성
그 벌판을 지나 돌아와
침묵이 맞아주는 내 집
대문을 들어서는 때부터
고개 숙이는 묵상의 평안
마음을 방안에 앉히고
문을 닫아 고요와 마주 앉아
정밀을 꺼내 바라보는
배부른 때가 왔도다
도란거리는 침묵은
내 것이 되었다 반기는
그때부터 하늘에서
밝은 빛이 문을 두드린다
진실한 것은 밖에 있는 것이 아니라
내 안에 있었음을 비로소 안다

2018. 1. 28.

느린 자의 안식

시골 들길에는
느린 자가 만나는 호사
밭이랑 사이로 지나는 바람이며
꽃이 피는 소리 따라
구름 느린 걸음이 있어 좋다

가슴에 단추 한 개쯤 풀어
맞아들이는 미소처럼
세상사 밝아서 평화로운
살아 있어 모든 게 가벼운
걸음 한 걸음이
따라서 가볍다

시골 들길에는 어쩌다
만나는 검붉은 얼굴들
하얀 이 웃음으로 인사하는
햇살은 초록만을 키우는 임무에
조용한 적막에도 살이 찌는
푸름에도 이유가 있거니

세상사 바쁠 것 없어
돌아 아주 천천히
집으로 가는 길

2018. 1. 29.

청년이여! 의젓하자

우리는 가난의 높이에서
앞을 보고 살아온
전쟁의 참화에서 일어선
두 눈이 살아 빛나는
형극의 길을 걸어온 민주주의
깃발을 휘날리는
우리는 잘 살아
우리는 인권이 있고
우리는 정의가 있어
자유가 있어 깃발 날리는
자랑스런 조국의 심장이 있거늘
어찌하여 눈을 내리깔고
어찌하여 눈치를 보면서
무엇을 위해
정의를 감추고
무엇 때문에 고개 숙이고
할 말을 못하고 비위를 맞추는
무슨 죄를 지었는가?
청년이여! 의젓하자

어딘가를 바라보는 비겁
어딘가를 쳐다보며
할 말을 접어 웅얼거리는 자들
해독 불가의 난해한 말들
두려울 것이 없는데도
살육자를 초대하여
무슨 내일을 말하는가?
두려움을 포장하는
환히 알 수 있는 것도
어둠으로 포장하는
숨길 것이 없는데도 숨기는
그런 사람들이 지금
변명의 줄거리가 너무 길다
무어 두려움이 있는가
무슨 아쉬움이 있는가
배운 교과서가 뒤틀리고
정의가 메마르고
두 눈이 사시(斜視)가 되고
조국이 자꾸 부끄러워지고
태극기가 없어지고
애국가가 웅얼거리는
가슴 막히는 울분이 길을 잃었다
무엇을 두려워 감추는가?
청년이여! 이제 의젓하자
이제 눈을 뜨자

가슴이 막힌다
가슴이 울먹인다
청년의 가슴에 슬픔의
물을 붓고 있는 사람들
자기 미명(美名)에 갇힌 이데올로기
그 깃발이 초라한데
왜, 왜, 배운 진리는 발이 아파 울고
배우지 못한 진리가 앞장서는가?
이제 청년이여! 의젓하자

반만년의 도도한 물줄기가
쪼개진 산하일지라도
꽃피고 맑은 물 흐르는 산하
우리가 지켜야 할 소명이거늘
나눠 먹기 파당의 욕심에
그 파당의 욕망에 갇혀
부끄러움을 모르고 벌리는 일들
이성을 놀러 갔고
정의는 목이 타들어 가는
자유는 신음하며 절룩이는
이 일을 어찌하랴
희망의 불꽃은 오로지
청년이여! 의젓하자

눈을 떠야 한다
태극기가 사라지고

애국가가 웅얼거린다
영원해야 할 이 땅
가슴을
마음을 열어
정히 바라보아야 한다
꼭 그래야 한다
청년이여! 의젓하자

                                          2018. 1. 30.

부끄러움

날마다 부끄러움을 쓴다
잘못이 있는 날은
고백으로 쓰고 흐린 정신
무언가 모르는 날은
앞으로 살아갈 몫으로 쓰고
날마다 초라한 변명을
위로하느라 쓰고
지울 것은 없다는 죄책감
사는 일 모두 부끄러움인데
낯을 들어 하늘 바라는 것도
부끄러움을 씻을 곳이 아닌
기어 땅으로 가야 할 죄명
정말로 부끄럼 버릴 곳이 없어
고민 중으로 산다니

2018. 1. 31.

경계의 소멸론

명확한 경계가 소멸하는 것은
시대가 알아야 할 깨달음
구분의 칸막이가 사라질 때
다양한 길이 만들어지는
새로운 문화는 새로운 표정을 위해
과거를 잊고 앞을 볼 것이다
빛은 찬란하고 어둠은 내일을 위해
숙고의 자세로 잠이 들 안식
땅은 작아도 너른 하늘 탓으로
인간은 편안하리라 모든 게
그냥 하나로 된 세상이
저절로 굴러갈 다만
경계가 없는
동그라미의 세계가
달음질로 다가온다

2018. 1. 31.

제3부

무법(無法) 구출

희망 혹은 절망의 순서

절망이 앞에 있어 언제나
부르는 희망 구제해 줄
이름은 아니다 다만
앞에 있어 만나는 이름이면
넉넉히 의지할 공간은 있으리
믿음이 기둥이 되어 만나는
우리들 삶은 항상 그렇거니
절망이거나 희망이 서로
몸을 바꾸어도 순서를 따르는
길에 길이 이어지는 순리
고개를 들고 맞으려 나아가는
내 생명이 다하는 날
마침내 절망과 희망이
손을 잡고 맞아들일 것을
지금 안다 하면 안 될까

2018. 1. 31.

무법(無法) 구출

있거나 말거나
오거나 말거나
가나오나 한결같은
거기 이르러 무엇을 쌓을까
무법과 유법 사이에서
고민하거나
고생하거나 그런
생각을 버리는 마음의 줄기
평안을 불러 위로하는
철학이 고민하는 시대는
이미 철학이 없는 때이거늘
귀양살이 세상에서
구름을 가리키는 일이
그나마 재미는 있다
오고 가고 되풀이
그 속에서 떠도는 자의
말은 사라지고
말은 기어 사라지고

2018. 1. 31.

질문

슬프지 않은 때 있었던가
외롭지 않을 때 있었던가
아픔이 없었던 때 있었던가
절망이 앞장설 때가 없었던가
무지에 울고 싶을 때가 없었던가
닿을 수 없어 애탈 때가 없었던가
시련에 빠져 울고 싶을 때가 없었던가
고독에 눈물 흘린 때가 없었던가
이별에 괴로워할 때가 없었던가
사랑에 아픔이 없던 때가 있었던가
이 모든 질문의 자리에
그대 무엇을 기대하는가 오로지
살아 있어 만나는 이름인 것을…

2018. 1. 31.

두려움

하늘을 나는 새들에
두려움이 없는 작은 심장
나무 끝에 앉아 읊조리는
그 가락에 아슬한 멀미
바라보는 것조차 발끝이
꼼지락거리는 경련에
내 심장은 새들보다 더 크고
우람하다 해도 새들의 담대
그 근처도 이르지 못하는
차라리 비겁일라

두 바퀴의 자전거
넘어질까 타지 못하는
내 균형의 슬픔
어린 날의 필름은 모두
검은색의 변명일까

2018. 2. 1.

시와 생물학

세상의 연결고리는 모두
하나 줄기에서 이리저리
다만 그런 연결이라
레오나르도 다 빈치의
시체 30구의 해부도를 보면
내 비평의 공간에 바람 소리가 너무 크다
인체 해부의 베살리우스나
주린 배를 채우면서 책을 대한
박물학의 칼 폰 린네나
식물 생리학의 스테판 헬즈
혈액순환의 하아비
현미경의 얀센
세포 발견의 로버트 후크
피혁업자의 아들인 미생물학의
파스퇴르 등을 추적하면
내 시의 공소함이 더욱 허망하다
정치(精緻)하고 빈틈이 없을 때
과학이고 철학의 문학일 경우
학문이 되고 감동의 길이 열리건만
머리 굴리며 하루도 종일

하늘만 쳐다보는 추위가
당연한 영하의 비웃음이
길을 헤매고 있다

                              2018. 2. 1.

시와 세포학

인간의 몸은 세포 조직이
이어 이어진 조직의 한 다발
어느 한 부분이 고장 나면
몸 전체가 신음이라

이미지의 세포가 분포하여
한 편의 시로 완성의 표정
잘 어울릴 때 비로소
감동은 물살을 만드노니

몸을 지탱하는 세포의 건강은
생명의 숨소리를 키운다면
시 또한 이미지의 연결고리에서
감동의 파도가 다가올 것이라
한 가지는 열 가지의 문

2018. 2. 1.

공자가 노자를 만나 듣는 설교

공자는 한사코 배우고 익히기를 원했고
교화의 질서를 찾아 헤매는 그의 발길에는
슬픔의 먼지가 풀풀했다
川上의 歎息* 또한
사는 고민 속에
상갓집의 아픔조차 견디었다

노자는 한사코 놀아 자연으로 가기를 원했다
"자연과 더불어 사람이 되지 못한 주제에
어찌 남을 교화시킬 수 있습니까"의 공자 물음에
"좋습니다. 당신은 道를 터득한 것입니다"의 노자는
추상의 늪을 수수께끼로 풀이하느라
떠돌이의 철학이 바람에 나부꼈다

* '물도 흐름이 저와 같고녀' 공자의 탄식

2018. 2. 1.

이제 희수(喜壽)를 지나니

내 꼬리 긴 무거움을 이끌고
어찌 여기까지 왔을까
날마다 넘기는 책장의 소리
해 뜨고 지는 순서 따라
무엇을 했고 무엇을 위해
일기장의 두께는 점차 가벼워지는
허무가 바람에 날리네

내 이제도 알 수 없는 길에서
방황의 기다림은 어제와 같은데
눈꺼풀 몇 번이 고작인 생각들
내 청춘은 이미 뒤로 사라졌네

돌아보아 자취 아득함이라
찾아갈 힘도 부친 황혼이면
작별도 시름에 묻어 흔들리는
내 이제 앞이 희미해
가슴 물살이 소리치는
그 길을 작정 없이
따라만 가는 이름이네

2018. 2. 1.

소묘(素描)

밤의 강을 건너면
여명이 다가와 웃고 있는
새들의 비상이 눈물겹다
두꺼운 어둠의 커튼을 걷고
아침 길에 선 나래들
노래가 되는 이름에
시작은 아름답다 갈 곳
눈에 담겨진 희망
풍경은 가슴을 두드리고
바라보아 충만한 산하
산 자들만의 노래
길이 갈래 친다.

2018. 2. 2.

이름에 대한 단상

영혼의 저장소
기억의 문패
호출의 순서

이름을 얻을 때
이름을 부를 때 비로소
이름이 되는 주인

너와 나
우리
더불어

이름을 말하면
이름이 되고 비로소
주인이 되는 이름

거기
생명이 있다

2018. 2. 2.

밀턴을 위하여

고민이 많은 사람은
슬플 겨를이 없다
베토벤은 귀와 눈이 어두워질 때
마음이 열리는 또 다른 문이 열렸다
문은 어디에나 있다 다만
어떻게 열 것인가의 방법론은
스스로 찾아야 한다

밀턴의 방황이 생각난다
정치에 깊은 관심보다
정의를 위해 자유를 선택한 고민
공화정의 신봉자 눈이 먼 44세
혁명의 바람이 꺾인 이후
그의 고독은 꿈처럼 부풀어
사상의 깃발 외려 뜬 눈이 닫히고
마음이 열리고 난 후에
영원을 얻은 꿈의 이행자
마음에는 확실히 눈이 있다

2018. 2. 3.

햇살 명상

삼복에 한사코 피하던 고개가
삼동에는 찾아가는 아쉬움
바람으로 출렁거리는 들판도
쓸쓸히 썰렁하거늘
멀리 보이는 햇살 파도가
흥겨운 겨울 한낮
등에 햇살받이로 명상을 재촉하는
길은 항상 열려있건만
놀람에 날뛰는 풍탁(風鐸)의 분주
바람개비도 따라가는
네가 바쁘니 나도 바쁘다는
변명도 한겨울 추위에는
위안이 된다.

2018. 2. 3.

경험

바람둥이는 그 깊은 마음에
바람이 있어 어느 날
심하게 불어온다면
느닷없음이 아니다 시작은
마음 깊이에서 나오는
자기 것이기 때문에
이유가 나오는 것뿐 가령
〈차탈리부인의 사랑〉의 D.H 로렌스
대학생이 그의 스승의 부인과
사랑의 도피를 한 것을 보면
바라보아 순결한 사랑이었을까
순간에 자기를 불태우고
미명을 얻어 남아있는 시집
〈Look! we have come through!〉
사랑의 승리일까? 지금쯤은
어떨까 궁금하다

2018. 2. 3.

타협

물러나는 것이 아니다
비겁도 아니다 옳은 일
그것이 곧게 펴지는 선 위에
그대의 걸음이 곧아지느니

설사 비틀거림 뒤에
몰라보게 곧아진 노래
새로운 이름을 얻은 암송
지금부터는 돌아보는 것보다
앞을 바라보는 곧은 선
그 길을 위해 모아진
정신의 밝음이 퍼지는
오로지 그것만이 우리가
선택할 이유일 뿐

2018. 2. 3.

허점 투성이

내가 나를 주장하면서
살아 지금에 이르렀어도
부끄러움이 내 온몸을 덮는다
불같은 성질에 타오르는 마음
그것을 잡을 길 몰라 다시
눈물이 되는 길 많은 길
차라리 아킬레스의 발뒤꿈치라면
그 비밀이 있어 용감할 것을
그것도 없는 내 발은 언제나
갈 곳을 서성이면서
오늘도 주저 앞에
망설임이 고작입니다
쏟아 버린 비밀이 이제사
아까워집니다 정말로
아까워집니다

2018. 2. 3.

어머니 방문

설날이 다음 다음 주
어머니를 찾아갔습니다
매섭게 추운 하늘은 그래도
푸르게 칠해진 이유가 밝은
말 없음도 무언가 다가오는 침묵
고개 숙이는 두 손으로 한 잔
술을 올려 참회합니다 멀리
아파트 숲이 울울한 풍경
뒤로하고 돌아온 대문 앞
내일이면 입춘첩이 날릴
누군가 찾아올 초인종
다녀온 먼 길도 어느새
우리 집 대문 앞에
먼저 왔습니다

2018. 2. 3.

제4부

사상의 언덕

롯데의 미소

초인종을 누른 베르테르는 그새를
못 참아 빗물받이를 타고 올라
창문 틈새로 보이는
검은 보리빵 나누어 주는 애인의
천진한 아이들을 바라보는 미소
그 얼굴이 사내의 가슴에 그만
마음 녹아 애타는 젊은 날
사랑을 본 것이 아니라
어머니를 본 것, 사랑은
여인으로 시작해서
어머니를 만날 때
영원한 문이 열리는 것을
알고 말았습니다 드디어
알았습니다

2018. 2. 3.

입춘
– 소네트처럼. 1

내가 나를 모르고
설혹 안다 해도
어쩔 것인가의 물음이고
고드름이 되어 하늘을 찌르고도
저 태연한 발상이 아주 조용한
천천히 봄을 데리고 온다는 소리
땅속에는 하마 전해진 소식도 나른한
골목을 잘못 들어 헤매는 날의 발걸음 소리
기다림은 고개를 넘지 못해
애타는 시름을 이해하라
바람이야 태곳적부터 성질이 급해
고약히 지나는 과객이이라
어우르다 보면 가져올 소식 걱정
봄날을 데려오지 못할까 공연한 걱정

2018. 2. 3.

천진
- 소네트처럼. 2

왜 나는 태어났는가를 물으면
웃는 어린아이를 보아라
거기 무슨 이유가 있고
거기 무슨 불평이 자리한가
그냥 천진하면 되느니
그냥 마음 열면 되느니
담을 것이 없으면
바람을 담고
하늘을 담고 또 남으면
저 푸른 들판을 담아
그것도 부족하면 생기 푸른
싹이 오는 아주 작은 키
바람에 흔들리는 머리칼 푸른
기다림을 만나라

2018. 2. 3.

누이를 위한 노래
- 소네트처럼. 3

저무는 날은 이미
숨을 죽이는 하루의 끝
살아 있어 두 눈 아직 볼 수 있는
세상에 남아있는 우리 숨소리
신음이 물줄기로 흐르는 지금
우리는 한 줄기에서 태어나
길고 긴 날들을 잊지 않네, 해도
어디로 갈지 모르는 미완의 약속
두 분 부모를 기억하네 떠나간
형제들을 기억하네 피난길
삶의 팍팍함의 무게를 짊어지고
그 고개를 지나 넘어 예 이른
고단한 일기장 속에서도 우리는
세상에 단 두 그루의 나무이네

2018. 2. 3.

침묵 앞에서는
– 소네트처럼. 4

누구나 침묵 앞에서는
자기를 돌아보아 떨린다
무엇을 말할까보다 오히려
무거운 침묵을 들어 올리는
오로지 자신의 무게인 것을
그때쯤엔 알게 되는 중량
세상의 모든 소리가 뭉쳐
눈송이처럼 굴러갈 때엔
놀람의 탄식보다 오히려
두려움에 지질 린 마음 줄
그 끈을 놓으렬 때 침묵은
상징의 의상을 걸치고
그대의 모든 것을 말할
이유를 준비하고 있나니

2018. 2. 4.

자유
- 소네트처럼. 5

역사는 자유라는 단어를 찾거나
지키기 위해 오랜 시련의 언덕
그 고난을 지나면서 살아온
아프리카 슬픔의 지옥도에서
아시아 군주의 서슬 아래서
유럽의 팽창의 싸움 속에서도
오로지 한 가지의 자유를 위한
여정이 삶의 전부였고
푸른 권리와 맞바꾸는 멈추지 않는
발걸음 소리는 위로의 곡조
위안으로 멈추기엔 항상 아직도라는
부사가 가로막고 있는 강물을
계속 흐르게 길을 만드는
자유는 피와 땀의
깃발

2018. 2. 4.

나무의 메시지
– 소네트처럼. 6

나무는 땅에서 하늘로
소식을 전하는 푸른 메시지
오늘은 싹이 돋아 기쁨을 전하고
조용히 앉아 명상에 잠기네
하늘과 땅의 중간에 인간의
소식을 전달하는 우체부 그가
전하는 소식의 반가움은 언제나
빗물로 땅을 적시어 받아들이는
의무처럼 서 있고
권리처럼 전달하는 소식들 오로지
천지 만물의 생명을 위해
작은 실관을 지나 구름으로
뜻을 전달하는 소중한 임무
하늘과 땅의 중재자
반가운 메신저

2018. 2. 4.

난센스

시를 많이 써서 이젠
하늘을 방문하려
사다리를 타고 올라
이리저리 사방천지
깊이에 깊이를 찾으려니
무변의 아득한 운무(雲霧)
찾을 길 없어 허무를 짊어지고 이내
땅으로 내려온 발길
여기나 저기나
아무것도 없는 자취, 하여
익숙한 땅에 머물기로 작심하니
낯섦은 없는 것 같다

2018. 2. 4.

방황

입춘 지나도
갈 줄 모르는 추위
어쩌다 길을 잃었나
바람 매서운 칼날을
마구 휘두르는 망나니 춤
정권이 바뀌면 적폐로 몰아
마구잡이 들쑤시면
믿었던 자의 고발이
눈덩이 되어 다가오는
뒷날의 수모를 어찌 감당하려고
철 지나 철없는 분탕질이
이리도 심한가 봄소식은 이미
문 앞에 와있는데

2018. 2. 4.

웃음

늙어 주름 강이 이리저리
세월은 시름 흐르게 만들고
햇살 앞에 앉아 조으는
봄날은 이미 다가왔는데
웃을 것이 없는 세상사
바라볼 것 또한 시들하고
만나는 이웃 모두 인사할지라도
목례로 지나는 바람이라
그중에 갓 태어난 아이의
방긋거리는 미소 앞에
이가 없는 웃음이
얼굴에 가득

2018. 2. 4.

용불용

오장육부도
자주 사용하는 기관과
그렇지 않은 기관은 사용 빈도에 따라
퇴화와 진화의 모양이 된다
운동선수의 팔다리와
책상물림의 팔다리는 다른 것처럼
고래의 뒷다리와 타조의 날개, 두더지의 눈
불용에서 오늘에 이르렀듯이
면벽 참선(參禪) 9년에 달마대사는
오뚜기 모양이 되었다.
몸은 오그라들었어도 정신은
명경지수를 얻었을 때
눈이 밝아진 세상이었다
무엇을 어떻게 쓰는가에 따라
불용(不用)과 용(用)의 사이에
신의 설명이 듣고 싶다

2018. 2. 5.

적자생존

한 포기의 일년생 식물이 1년에
단 두 개의 종자를 불려간다면
20년 뒤엔 100만여 주의 식물이 자란다
쥐가 1년에 4회 1회에
10마리씩 새끼를 낳으면
다음 해에 1쌍의 쥐에서 1250마리
연어 알은 10만 ~20만의 알을 낳지만
한계에 이른 적자생존은 계산을
어지럽게 한다 결국 적응에 따른
생존의 이름에는 지금
대견한 내가 있다

2018. 2. 5.

종달새와 뜸부기

빗발 같은 햇살을 뚫고
하늘을 장식하던
종달새의 소리는 이제
어디로 갔을까
어느 순간 창공 하늘에
텅 빈 여음만 남아
추억을 불러오는
그 노래

햇살 아주 밝은 날
들 그리고 산에
구불구불 산 메아리
누이가
오빠를 그리던
눈물 찰랑일 때
오마하던 약속이면
언제나 노래했던
뜸부기

모두 어디로 갔을까
하늘과 땅의 노래
이름만 덩그러니
문을 두드리는데

            2018. 2. 6.

사상의 언덕

내가 무엇을 꿈꾸었던가
젊은 날은 어느덧 지났고
시어빠진 김치 냄새를
맛있게 끓여내는 아내는
날마다 그 맛을 도려내느라
센머리 칼이 수증기에 날린다
돌아보아 손에 잡힘이 없는 그래
의문투성이의 질문 앞에
길을 몇 번인가 놓치고 잃고, 해도
시작하는 아침이면 이미 내 식성은
소화에 이골이 난 위장의 깊이
나는 정말 그 깊이를 몰라
탐욕의 그늘을 만들어
불러들이는 새들의 나래처럼
바람은 주인이 없어
누구에게나 베풀어 주는
울고 싶은 허기가 내 의상이 되었다
날마다 작별을 심고
그 자리에서 돋아나는 우리의
기다림은 마침내 허길 채우는

바람의 힘에 의지해 건네줄 수 있는
의미 한 줄이 손에 잡히면
나는 살아 두 눈이 반짝인다
내 굶주림의 깊이에
불러들일 수 있는 작은 여백
내 사상은 여전히 허전의
여백을 두려워하는 중심에
신선한 말 한마디를 찾아
오래고 오랜 시간 뒤에
꺼내 볼 수 있는 기회 그날의
깃발이 날리고만 있다

2018. 2. 6.

사랑 이해

배우지 않아도 아는
날마다 다가오는
소리 없어도 느끼는
시시 때때라
늙은이나 아이나
청춘에 이르면
절정의 꽃
부르지 않아도 피는
허기 채우지 못해
방황하는 이름
사랑이라

2018. 2. 6.

제5부

황혼 감상기

내 노래는

이제 나는 무슨 노래를 불러
하늘로 보낼까 점차
숨어드는 나이의 무게를
드러내지 못하는 방황도
여직도 물을 말이 없는데
누가 나를 위해
그 짧은 시간을 기다리랴
인연은 고달픈 고개를 넘느라
기다림 없는 내 고백의 더미
아픔을 쌓아 놓고 바라보는
하늘 멀리멀리 놀란 구름장
위로의 문자는 아직 미도착이라
헤아림이 메아리 되어
어디로 가는 걸까
구름도 같이 가는

2018. 2. 6.

맹동(猛冬)

칼을 들고 달려와도
전후 사방 도망갈 수 없어 다만
바람구멍을 막아 견디는
구원군이 올 때까지는
눈만 껌벅거리고 참아야 한다
눈물도 얼어붙어
길을 잃었을 때 오직
밝음에 눈을 돌리는 시선
안타까움이 가난처럼 다가든다
떼어내려 손을 뻗으면
그 손조차 어려운 감당
화차의 연기처럼 터져 나오는
모든 구멍마다 방어막을 쳐봐도
동동동 발만 어설픈
이 악착한 놈을 어디로
보낼까

2018. 2. 7.

맹풍(猛風)

미친년 치맛자락
갈피 모를 이성이
날마다 춤을 춘다 이미
보는 것엔 눈을 감아
보낼 곳이 마땅찮아
참아 두고 보지만
가슴만으로 파고드는
뿌리쳐도 파고드는
그 날렵함을 꾸짖지만
얼굴 없는 얼굴로
소리 없는 소리로
쉼 없이 찾아오는 음침(陰沈) 희롱
참고 견디는 일이
숙명인 이 노릇을 어디에
고발하면 될까

2018. 2. 7.

황혼 감상기

노을을 바라보면
무작정 따라가고 싶다
산 넘어 멀리
사라지는 자취 아득하여
발걸음 소리 줄여 마침내
가다 머무는 어둠의 벼랑
어딘가 도착한 곳이라
사라지는 연기 하늘 끝 어디
늴 몸 지금은 허무하느니
이름이 사라지는 쓸쓸함도
감당키 어려운 적막
늙어 만나는 허무로다
허무가 성숙한 밤이로다

2018. 2. 7.

겨울 깊이에는

춥다는 말에는 무언가
깊은 것 푹 삭아
숨 쉬는 오지항아리
그 안에 모여 앉은 다소곳
머리 맞댄 겸손의 표정들
저마다 조화로 이름을 쓴
한 세상이 견디고 있네

겨울 깊이로 들어갈수록
의초로운 형제들
누군가를 위해 몸을 내어준
사랑이라 말하자 겨울의 속살
눈 덮인 세상을 위로하는
따스함이 눈물 같은
오, 날마다 만나는
날마다 만나는....

2018. 2. 8.

풍경

바람 조용하고
눈 오는 날이면
소복한 안온
고요한 물감
흰빛으로
그림을 그린
단조로움도 따스해라

2018. 2. 8.

뒤집어 읽기
죽박죽뒤. 1

이게 나라냐를 뒤집으면
냐라나 게이가 된다. 한 마디로
죽박죽뒤가 되는 엉망인 꼴
뒤집어쓸 물 폭탄 앞에
구걸로 일관하는 사상은 무얼까
그들의 조국은 어떤 조국일까
같은 공간에 살면서도
저쪽에서와 이쪽에서가
통역을 두어야 될
냐라나 게이
죽박죽뒤

2018. 2. 9.

팡세 읽기
죽박죽뒤. 2

그는 강 건너편에 산다
그 때문에
나는 널 욕해야 하고
너는 나를 욕해야 하는
다만 강이 문제로다
그 흐름 토막을 내어
세제 넣고 세탁기 돌려
밝은 햇볕에 널어
하얀빛 하나로 뭉치는
가슴 시원한 일
어찌하면 할 수 있을까
죽뒤죽박 여기나 저기나
냐라나 게이
상세 의놈이

2018. 2. 9.

뒤에 오는 소식

어둠을 눕히고
해를 불러오라
부탁하니 기다리라
침묵이 고작이길래
닫힌 문을 열고 기다리니
별 몇 개 부끄럽다며
반짝 반짝이 무슨 신호 같아
한참을 쳐다보노라니 그때
멀리서 다가오는 발걸음에
그림자가 뒤따라오고 있었다

2018. 2. 9.

처방전

사랑을 얻는 비방을
얻을 수만 있다면
어디로 가랴 먼저
그 처방전 받아
잉크 마르기 전에
조급증 앞세워 그대에게 달려가
문을 두드리리 하면
놀라 급히 문을 열어 줄
아주 잠시 기다림조차
더욱 안달이라 순간
문이 열리자마자
바람이 먼저 들어가
소원을 말하는
이런!
오늘도 틀렸네

2018. 2. 10.

준비물

내 언젠가는
가는 날 있으리
어딘지 몰라도
가는 곳 미리 알고 싶은
호기심도 있어 그냥
이르른 종점 어딘가 낯선
내일은 아무것도 몰라
무얼 준비해 둘까
마음 정리하려니
순서 없이 다가드는
바람이 사뭇 어지럽혀서
그만 문을 닫고 말았네
모르고 가야겠네

2018. 2. 10

홍길동에 부탁의 말
- 홍길동. 1

팔도 날뛰던
홍길동을 불러
세상 어지러운 분란
어설픈 권력자들이
조국을 팔아 빛나는
애국으로 포장하는
허장성세 지겨워 우리 길동이
담 넘어 어둠 뚫고
가슴에 칼을 겨눈 위협에
손 싹싹 빌면
'거짓말 말고, 참회하라'
방(榜) 한 장 남기고 바람처럼
월장(越墻)하여 사라지면
유들한 거짓말 얼굴
아침 표정이 보고 싶다

2018. 2. 10.

소지(燒紙) 올리듯
— 홍길동. 2

도둑에게 너 도둑놈이지?
이렇게 물으면
한결같은 대답
'아니야, 절대 아니야'

정치가들에게
도둑질과 거짓말 많이 했지?
모두 도리질
'절대 아닙니다. 믿어주십시오'

높은 관리
어딘가 불려 가면서
힘없는 백성에게
갑질 횡포 많이 했지?
포토라인에 서서
'성실히 답변하겠습니다'

더 높을 곳이 없는 사람
칼 들고 위협으로 지내는 어디 강패에
재직 중에 퍼주느라 미명(美名)을 앞세워
얼마나 거짓말을 했는가?

뻔히 아는 말 그 속내를 모를까만
'그들도 동포라 돈을 몰래주었습니다'

거짓말 위선을 모조리 모아
쓰레기 소각장
활활 불태워 하늘로
소지(燒紙) 올리듯
홍길동씨 부탁합니다

2018. 2. 10.

물음
― 홍길동. 3

양심 있는 도둑이 있을까
홍길동이나 장길산에게
물으면 대답은
그냥 웃지요

속내 알 수 없어 다시
정말 없는가를 되물으면
얼굴 찡그리고 말이 없는
비웃음

도둑이 바글거리는 세상
오히려 도둑 아닌 사람
손들라 호출하면 아마
몇 명은 있겠지 하여
우리 길동은 날마다
웃느라 허리가 아프단다

2019. 2. 10.

고발
— 홍길동. 4

도둑 고발은 어디에
전화 돌리는지 몰라
머뭇거리자 끼어들기 좋아하는
바람이 선뜻 다가와서
무엇을 도와줄까요 묻길래
이차저차 말하고 부탁을 하니
하지 마십시오
그놈이나 저놈이나 모두
그런 놈들이니
시늉만으로 끝날 일
고생하지 말라하고 도망간다
이런 쯧쯧

2018. 2. 10.

제6부

가면 놀이

세상 읽기
− 홍길동. 5

공평하다는 말은 거짓말이다
목소리 큰 사람
웃고 재주 좋은 사람
실력이 앞에 있는 것이
결코 아니다

에피소드가 있어야
회자(膾炙)의 부풀림
글보다 앞서 있다 때문에
사건을 만들고 그것을
따라오게 만들면
글은 덩달아 따라오는 것

세상 공평하다는 것이나
정의가 있다는 것은
교과서 속에서
계속 웃고 있는데
우리 홍길동씨
바로잡아 주실래요

2018. 2. 10.

춘향과 길동의 결혼
- 홍길동. 6

홍길동이 남원의 춘향을 만났습니다
직업이 없는 길동은
날마다 뭉칫돈을 가져오는 것에
감동하여 아주 훌륭한 지아비로 여기고
퇴근 시간이면 맞이하느라
얌전한 주부가 되는 어여쁨
행복이 눈물을 흘리고 있었습니다

어쩌다 친구들 모임에서
늦은 귀가에
대문 앞에서 졸개들과
훔친 물건을 나누며 킬킬
작별하는 모습을 바라 본
춘향은 질겁하여 세상
믿을 놈이 없다는 탄식

밤이 아파지는 긴 고개
만남과 헤어짐은 누구나
다가올 수 있는 목록
눈을 감을까

눈을 뜨고 답을 찾을까
세상 도둑이 넘치는데
우리 길동은 어떨까요
우리 춘향은 어떨까요

2019. 2. 10.

양반 되기
― 홍길동. 7

우리 길동이 마음을 고쳐먹고
졸개들을 모두 고향으로 보내고
춘향과 결혼하여 3남 2녀
아들딸 화목하게 살아
국방장관 벼슬을 제수(除授)하고
얌전한 양반으로 살기
마음먹었습니다
격식을 차려야 하고
허위와 위선에 두꺼운 옷을 입고
삼복염천에도 의관 정제에
땀이 강이 되는 인내를
참을 길이 없어
훌훌 모두 벗어던지고
산으로 냅다 도망했습니다
춘향도 뒤따라갔습니다

2018. 2. 10.

장군
- 홍길동. 8

군대도 안 갔다 온 자가
장군님이 된다면 참으로
소가 웃을 일이다
말로 장군이 되는 놀이는
골목 안에서도 어림없는
그런 일이 어딘가는 있다

신음과 통제와 자유를 빼앗고
살육의 더미를 쌓아 그 위에
바벨탑을 축조한 신음 공화국
다이아몬드 수저만이
아주 쉽게 원수 그리고
장군이 되는 이상한 계급 공화국
그런 일은 어딘가에 있다

그런 곳을 올려다보면서
말합시다 말 좀 합시다를
애걸하는 그런 인간들도 있다
홍길동씨 이들이 정상입니까

2018. 2. 11.

정의
- 홍길동. 9

우리 손자들에게는
정의를 가르치지 않기로 했다
내가 배운 교과서와는
너무 다른 해석이 어려워
가르칠 수가 없다 평생
선생 노릇으로 읽어 온 교과서를
숨기고 정의가 어떤 뜻인지
모르는 것이 더 편한 생각 같아서
손자들의 머리에 나 같은 혼란
소용돌이 고민을 전하지 않는
용서하라, 할애비는 유서를 쓰고
목울대 삼키고 파묻은 소리가
날마다 울고 있는 환청으로
오늘도 길을 잃고 있으니

길동씨 해결 좀 합시다

2018. 2. 11.

요즘 홍길동
- 홍길동. 10

홍길동은 조선 팔도
일시에 신출귀몰
탐관오리 사기꾼 거짓말 꾼들에게
잠 못 드는 뜬 눈 오금 저린 벼슬아치
벌벌 불안이 아주 키 낮은 사람들에겐
위로의 소식이었는데
누구나 손에 스마트 폰이 쥐어진
요즘 사람들에게는 별로 재미없는
신출귀몰 통쾌가 사라진
고민 많은 길동이
도서관에서 낮잠을 자고 있으니
일어나라 깨어나라
눈 뜨고 일어나라

2018. 2. 11.

다시 정의
- 홍길동. 11

정의가 골목길에서 울고 있다
외면하는 낯섦이 고달파
숨죽이고 눈치 보는 점차
고독을 입고 살아간다

뜨거운 가슴은 차츰 식어가고
다가오는 기운조차 쇠잔한
시대는 점점 내리막길에서
숨 가쁘게 헐떡이는 표정들

오르는 용도 사다리는
필요 목록이 몸을 낮추고
용기 가까이 체온을 녹일
우리들의 꿈은 고달프다

분노와 아우성 억지와 떼창 앞에
소모품이 된 정의는 이젠
바람 지나는 골목길에서
추억을 돌아보며 아니다를
열심히 낭송하고 있다

2018. 2. 11.

가면 놀이
- 홍길동. 12

누구십니까 그대
얼굴 없는 신비인가
두려움 감춘 비겁인가
공손히 예를 올리는 비밀
그런 사건들이 연일
사다리에 올라 세상을
불안으로 그림을 그린다

잔치는 끝나가는데
누구십니까
비밀의 묵시록을 들고
호기심 천국을 펼치는
가면 놀이의 떼창 이젠
접어 얼굴을 보여야 할 속내
검은 물이 아래로 흐른다

알고도 말을 숨기는 일은
비극이고 숨찬 아픔이다
연결고리를 놓치면 나락
벼랑 아래 비명의 메아리

결국 누구 것이 되는지
알면서도 숨기는 검은 행진
해가 곧 뜰 것 같다

2018. 2. 11.

사랑을 말하기엔 아직도

사랑을 말하기엔 먼저
가슴이 뜁니다 이를
진정하려 숨을 몰아쉬면
다가오는 파도는 이미
멀리 길을 떠나는 뒷자락
잡을 길 몰라
잡을 길 몰라
애면글면 속이 탑니다

가슴속에 있는 그대
꺼내려 손을 뻗으면 하마
길을 잃어 헤매는 일도
자취 사라진 그림자가 되어
마음 넓어 찾을 길 없는데
잡을 수 없어
잡을 수 없어
노래 딸려 그리움만 보냅니다
그리움 모아 사랑을 보냅니다

2018. 2. 11.

내 머릿속

우굴울굴
꿈틀 굼틀 때로
장바닥 소음
물건 파는 목청
불러오는 목청
십자로가 막히고
차들이 모두 서 있고
기다림은 의무
권리는 목적지 언제
시원한 길
가고 오는 질서
왜 여기 있는가
나는 무엇인가

2018. 2. 11.

기다리는 소식

바람이 문을 두드리기에
문을 열까 밖을 보니
자취 없는 서늘 기운이
나무 끝에 매달려
시름시름 흔들리는 매무새
무표정으로 바라보네

낯설음도 이미 익숙한
시대는 겨울 깊이에서
소식 어디 왔는가를 물으려도
옷자락 가벼이 흩날리는
아무 말도 못 하는 이유를
더는 묻지 않기로 했네

풍경은 지나가고
다가오는 발걸음 이미
내 앞에 왔는지도 모르는
맹목의 눈으로 셈하는
길 모름도 때로는 위안이라
작정 없이 기다리는 일로 지새네

더는 묻지 않기로 했네
꿈꾸는 일로 지날지라
눈보라 찬바람도
고개를 넘는 때는 오리니
그때까지는 땅속에
깊이깊이 숨만 쉬고
기다림을 덮고 누워있으려네

2018. 2. 11.

초현실 상황

질서를 모조리 모아
주물럭 손으로 모두
모아서 빚어낸
몰골 괴이한
그 속에 있는 것들
살아 있는 것
죽어 있는 것 모두
몰골이 된 풍경
해석은 무덤
설명은 모조리 거짓
누가 믿을 것인가
알고 있는 자 누군가

2018. 2. 11.

초현실 기차의 추억

1.4 후퇴 남으로 가는 화물차
그 지붕 위에 앉았던 슬픔이
뛰어내리려 준비한다
꽁꽁 얼어 두 손에 온
냉혹한 쇠붙이의 거절
죽음은 시간 속에 있고
영혼도 얼어 미래가 없다
한 줌 햇살의 위로에도
꾸벅잠은 길을 내고
산 자의 길과
죽은 자의 길이
머물다 지리하게 가는
기차에는 경적이 없다

2018. 2. 11.

꽃

수풀 수풀 덤불 속에
줄기 하늘로 향하는
잎과 잎 사이를 올라
대궁 간들거리고
바람에 머뭇 머뭇
"에라, 올라가자
하늘이 어떤가" 드디어
정점에 올라
화관을 받치고
속살 감춘 깊이
들어앉았다 향기
세상으로 폴폴 날아가는

2018. 2. 11.

나그네

울고 싶은 날은
어딘가 떠나고 싶다
길이 길로 이어진 멀리
거기 당도해도 낯설어
이방인으로 머뭇거리는
마침내 내려야 하는 간이역에
성급한 바람이 재촉하는
쓸쓸한 대합실 사람들은
떠나려는 기다림을 곁에 끼고
무표정으로 앉아 있다 나도
거기 길손이 되어 앉아 있다.

2018. 2. 12.

제7부

첫발자국

첫발자국

첫사랑도 그랬네 가슴이 뛰는
하얀 눈에 첫 발자국 영혼을
맑아 맑히는 너른 세상 홀로라
서러움이 외려 줄기로 오네

산천은 잠들어 조용해도
깨우는 한 발 한 발마다
시름 묻은 세상이 모두
조요(照耀)로 변해 웃고 있네

따라오는 소리의 그림자
기쁨이 깊으면 환희라서
돌아보아 지난 시절 위에
하얀 마음이 밝아지네

흔적 지워질까 돌아봄도 아까워
따라와 재촉하는 여백 위에
청아함이 하늘로 이어진
고와라 고와서 외려 아파라

2018. 2. 12.

자유를 얻기 위해

땅엔 저마다 줄을 그어
내 것이라 주장하는데
하늘은 주인이 없어 푸른가
저 홀로 세상을 덮고
아무나 가져도 좋다는
묵시가 넓어지네

내 살아 지금까지
집 하나 땅 조금
생애 조급증 조바심에
지금에 이르니
가진 것 허무를 쓰는
내 것이 없는 가벼움도
저 높은 하늘의 자유로움을
이젠 맞아들일 때가 되었나

2018. 2. 12.

수도꼭지

누구는 틀면 나오는
수도꼭지*를 비난했다
내게 오는 화살 같아
가슴이 뜨끔했다 허나
종일 하루 시만을 생각하고
또 불면의 밤길에 나그네
거기서도 시를 부르노라
문을 두드리면 반가워
종이에 채워 하루를 사는
내 시는 수도꼭지라도
꼭 필요하고 시원한
그런 이름이고 싶다

2018. 2. 12.

* 최영미라는 시인이 고은의 시를 틀면 나오는 수도꼭지라 했고
  그물은 똥물이라고 〈괴물〉에서 말했다.

영혼을 깨울 것

아름다움은 쉬이 사라지는
한때 팔랑거리는 젊음도
고개 몇 구비면 돌아보아
시든 자취 슬퍼지는 것

그러나 어쩌랴 물을 주고
마음 쏟아 키우는 정성이면
시든다 해도 거기
품위 바람에 향기로울 것

돌아보지 말라 지나간 날
시간은 항상 긴 그림자
말 없는 조언을 설득하는
오로지 오늘이사 너의 것

웃음 한 다발을 안고 가는
향기 따라오느라 바쁜
우리들 꿈은 때를 알아 지금
네 모습에 담긴 영혼을 깨울 것

2018. 2. 12.

태연한 척 나무들

편안함으로 서 있는
저 나무들의 속 깊이
추위를 견디는 표정
안으로 감추고 태연한
보는 것만으로도 슬프다

어찌 울음이 없을까 겨울
지나 봄날이면 피어날 소식
그날을 셈하는 하루는 긴데
저 오연(傲然) 저립(佇立)도
희망이 있어 태연한 척
서 있는 것을

2018. 2. 12.

집으로

아내가 기다리는 그리하여
하학 후 아이들이 소란스러운
골목을 지나 막다른 곳에
깔깔 소리 혹은 아우성이
먼지 일으키는 내 집
집으로 가자 불빛 비록
희미할지라도 구들장 따스함에
꿈을 가져오는 일이면
무에 근심 걱정이 있으랴

토장국에 김치 붉은 맛
호호 불면서 한술의 밥과
분주한 숟가락 투정하는 아이들
바람 막아 햇살 들어와
날마다 체온을 엮어
다정도 꿈이 되는
건넴의 미소가 있어
내 집, 집으로 가자

2018. 2. 12.

낙조 단상

지는 해를 붙잡으려
뛰어들고 싶은 강물
비웃듯 흐르노라 외면하는
어찌하면
저 찬란한 꼬리 따라
가고 싶은 마음
딸려 보낼 길 있을까
날마다 바라보아도
말 없는 침묵을 건네주고
정작 어디로 숨는 것인지
바라보는 일로 저무는 길에
붉어 물이든
내 두 눈일 뿐이네

2018. 2. 12.

눈 같아라, 사는 일

사는 일 눈 같아라
천지 사방의 흰빛
어느 순간 사라질
짧은 기억의 찰나들
햇살이여 좀 더 늦게
아주 천천히 다가오라

찬란했거니 아침의
하얀 슬픔으로 빛나는
꿈이 들어있어 깊었던
해도, 한 줌 빛 앞에서
허무로 사라질 정말로 순간
모든 게 가버리는 서러움

텅 빈 여백의 함정 속에
기억 물살 출렁이는 기쁨
파도 한낮이 오면
작별로 여백의 넓이 허방
붙잡고 싶었던 아쉬움
햇살이여, 짧아
사는 일 눈 같아라

2018. 2. 13.

순간에 사라졌네

아침 강고(强固)하기 돌 같은
추위는 가슴을 떨게 했다
스미듯 다가오던 햇살
온기 깊은 가슴으로 젖어
사라지기 순간인 동동(凍凍)은
고개를 숙이고 어디로 갔을까
바람 서성이는 고개 멀리
무료를 달래는 하늘은 여전 같은데
얼음에 들어있던 투명이
사라져 꼬리 감춘 겨울은
소식 없음도 이젠 반가운데
행여 다시 돌아올까 마음
조바심도 이유가 있네

2018. 2. 13.

판

당사자는 모른다 개판을
때문에 역정 내는
강변(强辯)의 연설문이 길다
어쩌다 칼날을 가지면
보복의 응징은 슬프고
춘래불사춘 못 넘어 가는
바람은 울 수도 없어
안으로 감춘 깃발을
꺼낼 수가 없다 요즘
반려견은 호의호식에
호텔까지 등장했지만
개판의 주인은 자기가
개인지 사람인지를 모르는
눈먼 주장이 공허한데
하늘은 이유를 몰라도
푸르긴 푸르러 그나마
위안일 뿐이다

2018. 2. 13.

사다리에서 내리기 혹은 오르기

오늘도 올랐다 아침부터
해 기우는 종점까지
돌아보아 가뭇없는 길은
먼 지평선을 뉘이고
돌아갈 길 지워진
어둠은
문 앞에 서 있다

내가 왜 오르는지
그 길 모른다 해도
아쉬움도 없어
사라질 것도 없는
눈 맞춘 젊은 날은 갔고
내 앞에 펼쳐진 난전(亂廛)
무관심으로 지나치는
호객행위는
꼬리 잘린 메아리
바람 무성한 들판
회오리 맴돌아 다시

내게로 돌아오는 숙제는
막힌 골목에서 길 없어
우왕좌왕에 이골이 났다

2018. 2. 13.

천상에서 시 찾기

궁창(穹蒼) 무한 높이 오르면
틀림없이 있다길래
계단 사다리 한 걸음씩
팻말을 들고 작정 없이
오르노라 땀이
흐르는 어디쯤
가도 가도 길이 없어
고개 들어 앞을 보니
떠났던 모습과 똑같은
변함없는 푸른 깊이
마음 접어 앞선 체념
돌아가자 재촉이라서
빈손으로 내려오고
말았습니다 하늘에
시는 없었습니다

2018. 2. 14.

지상에서의 시

땅에 내려오니
여기 저기 저기 여기
잡초 우거진 들판 계곡
찾아 헤매는 안타까움
또다시 팻말을 들고
어디 있는가 수소문해도
도리질 모른다가 전부라
새들과 꽃들이 바람에
고개 젓는 어디쯤에
쉬는 몸 노곤하여
잠이 들어 헤매는 때
찾아 떠돌지 말고 주변이나
살펴보라는 촌부의 말
고개 끄덕이고 천지 사방을
찬찬히 바라보니 모든 물상이
저마다 눈을 들어 손짓하는
몰랐던 방황이 부끄러웠습니다
모두가 시 밭이었습니다

2018. 2. 14.

고향으로 가는 사람들

명절이라 술렁이는
고향길로 이어지는
눈이 먼저 가 있는 거기
골목 어귀 기다림
어머니는 그랬을라
만나 말 없는 것도
속으로는 이미
강물이듯 흐르는
깊은 정에 옷을 입힌들
마음의 빠르기보다
무엇이 있을라

2018. 2. 14.

집으로 가자

집으로 가자 마음
먼저 그곳에 당도한, 하여
함께 둘러앉아
밥을 먹자 웃음이야
맛깔스런 반찬일망정
따스한 전달이 오는
눈과 눈으로 온기
길 찾아 깊어진
거기 이름을 정해
무엇하랴

2018. 2. 14.

제8부

청산정곡

와(蛙), 섬(蟾), 민(黽)

겨울잠을 자는
긴 설욕의 언덕을 넘어
참으면 때는 오리라
칼날을 감추고 일어나는
봄이 오는 순환의 바퀴
그 믿음을 어찌 파묻으랴
뒷다리로 뛰는
개골 개골 개골
와(蛙)!

눈만 껌벅이는
그 몰골이 둔해도
두꺼비 파리 잡듯
적폐 몰이 미명으로
복수의 불꽃이 타들어
엉금엉금 기어 부르짖는
내 세상이다 끼리끼리
꺼억 꺼억 꺼억
섬(蟾)!

바보인 양 살아도
설정된 목표를 찾아
네 다리에 힘이 들어갈 때
드디어 때는 왔도다 한때다
허리 펴는 봄날을 즐기는
이거 저것 모조리
잡아라 꿇려라 잘 맞는
하모니 무리 세상
맹하면 꽁
맹꽁 맹꽁
민(黽)!

살판났다 설치는
개구리들 세상
이름은 달라도 어쩌면
판박이 그림
지금은……

2018. 2. 15.

노래가 나오는 이걸 어쩌라고

노래가 나오는
어쩌랴 가슴 벅차
저절로 길을 만들어
솟구치는 걸 정말
어쩌랴 샘물 같은
시원(始原)의 깊이
꾸미는 화장이야
여인의 치장이지만
매듭이 없는 순수
그 물길은 청아한
표정 맑아 아름다움
흐르는 굽이마다
노래가 나오는 이걸
날더러 어쩌라고!

2018. 2. 15.

밥이나 먹자

밥을 먹자, 하면
가까움이 다가와
문을 열어
얼굴을 보이느니
꽁꽁 언 마음도 녹아
말이 숨지 않고
바람이 왕래는
모든 것을 넘는
밥이나 먹자 하면
밥은 밥이 아니라
마음이 오가는 사랑
그것을 먹는 것이다
정을 먹는 것이다

2018. 2. 16.

종점 어름이면

지난 것들이 따라온다
시작으로 문을 열기 위해
조바심도 함께 가자는 듯
앞에 있는 반가움이
문을 열고 뒤에
따라오는 그림자
작별에 눈물 흘리는
고생했다 인연의
좌우명이 벽에 걸리면
응답의 물결
왔던 만큼 가는 것도
위로이기를 종점에서는
기도처럼 정갈한
미소를 그림도(圖)로
그리고 있다

2018. 2. 16

어디쯤이면

오는 발걸음 소리
어디쯤이면 들릴 소식도
함께 올 푸르른 산하는
저마다 어제와 같은 모양
변함이 없는데도 나는
어제를 낯설어 잊고
뒤적이는 책장의 소리
무엇을 남겨 유물로 삼을까
어지러운 인연의 줄기 갈래
지금은 오늘로 가는 길
그 앞을 열심히 생각하는
무언가 기다리며 가오는
사는 일 이래라
다만 살아
이러해라

2018. 2. 16.

처용가

바람이 오는 곳을
찾으러 길을 떠났다
어디선가 만날 것
믿음 깃발로 삼고 가는
동쪽으로 해를 맞아 물었고
서쪽으로 헤매며 물었고
물음이 사라지기 전에
어둠에도 물었지만 모두
묵묵부답을 보고
체념을 데리고 집으로 돌아와
대문 지나
방문 열자 허겁지겁
뛰쳐나오는 사내 뒷자락
확실히 보았습니다
……………

2018. 2. 16.

이치 터득

나무들은 말이 없어도
봄을 알아 싹을 내보내고
향기 높은 지조를 키우는
더구나 열매 단맛으로
영혼의 기쁨을 전달하는
말이 무슨 필요가 있을까

자기 자리 정말 그 자리에서
먼 곳을 응시하는 눈빛만으로도
깨달음을 모두 안으로 감추고
잎새 바람을 모아 전달하는
세상 시원한 소식들의 기쁨
때 알아 스스로 높아지는 키에
낙엽으로 몸을 바꾸어 다독이는
홀로 그 자리에서 어찌
우주의 이치를 터득했을까

2018. 3. 16.

청산정곡

말 없음이 진리로다 산하
저 홀로 지나가는
오가는 일이 오로지
뜻이 따라가는 보폭에
그림자 또 홀로 간다

어느 뉘가 부르던가
소리 없는 메아리는
하늘로 올라 구름 속에 숨어
비가 오는 길을 내느라 분주한
바람의 조력이 아쉬운

푸른 이름 하나를 얻기 위해
날마다 제 자리를 얻기 위해
기대앉은 시름도 한숨을 놓고
바라보노니 위로의 항목
눈에 물이 드는 이유가
열심히 책의 두께를 쓰느라
해도 조용한 작업이느니

청산은 청산으로 늙지 않고
바다는 바다로 길을 내느라
끼리끼리 분주한 것도
모두 제 것을 지키는 약속
사람들은 그 위에 온갖 색깔로
색칠하느라 재미로 사는 것 같다

2018. 2. 16.

수로의 한탄
– 수로. 1

사랑은 오래고 오랜
돌 위에 새긴
비문인 줄 알았다
날이 바뀌면 마음도
따라 조금씩 바뀌고
안개 그 위에
가슴을 바친 기억은
슬픔의 파도 멀리로
길을 떠나는 사랑
붙잡을 길이 없네

기억은 추억을 붙잡고
추억은 기억을 꺼내는
오고 감이 해를 따라
다시 자욱한 안개
문을 두드리는 소리조차
모두 하늘로 흩어진
우리들의 기억은
붉게 물이든 이별에서

떠나는 길을 몰라 몰라
헤매는 시늉이 가슴에
기어 들이 듭니다

2018. 2. 17.

이별 앞에 서면
- 수로. 2

사랑은 날아간다. 하늘
동서남북 어딘지 몰라도
자취 흔적을 모르는
나래 바람의 길을 따라
찾을 수 없는 이별은
통고식이 없는 아득함
그런 메아리만 눈엔
슬픈 그림을 그리노라
분주함도 알 길 없어
떠도는 구름만 같아
순간 변신으로 사라지는
사랑은 나래 없어도
어느 쯤엔 날아 가버린다

2018. 2. 17.

사랑의 믿음은
- 수로. 3

사랑은 믿을 것이 아닌
떠도는 안개 자취라
손으로 움켜쥐면 다시
어딘가 날아가는
쫓아 나래를 펴도
갈수록 깊어지는 허망
믿음을 새기는 것은
어느 소설가의 구성
한 줌 햇살로 사랑을
써 내려가고 있을 때면
믿음에 하얀 눈이
내리고 있지만
잡을 수 없어 슬픈
벽화인 것 같다

2018. 2. 17.

철쭉 빛이면
- 수로. 4

우리 수로부인은
항상 살아나는 사랑을
그림으로 그리려
날이 날마다 그리움에
무슨 색깔이 어울릴지
홍조에 담긴 애달픔

우리 수로부인은
언제나 꿈을 꾸면서
사랑을 찾아 헤매는
바람에 부탁하지만
낄낄거리며 달아나는
바라만 보는 서러움

우리 수로부인은
이름 하나가 가슴에 살아
언제 꺼낼까 궁리하면서
눈이 감겨있는 사랑을
깨우기 위해 온 정성으로 키우는
허무조차 아름다운 노래꾼

2018. 2. 17.

진달래 빛에는
- 수로. 5

절벽 위에 꽃은
꽃이 아닙니다 사랑
그것의 변장된 이름이오니
웃지 마시고 내게
길을 알려주시면 어둠 틈타
몰래 내비게이션을 켜고
달빛 그림자 몰래 감추고
혹여 별이 안다면 데리고
마음 끝이 다하는 어디쯤
가슴 풀어헤친 노래를 띄우면
누군가의 발소리 스미듯
기다림의 끝에 열린 문으로
바람 따라 들어오는 순간
힘껏 와락!
아! 모릅니다
그다음 순서는

2018. 2. 17.

기다림을 심고
– 수로. 6

기다림보다
찾아가는 길이
더 아름답습니다
천길 단애 구중궁궐 높아
바라 멀리 있어도
한걸음에 심은 뜻이
두 걸음에 가까워지는
어느 날인가 마음에 재웠던
그리움들이 왈칵
폭포로 솟아나는 그런
호젓조차 눈이 뜨는 곳
샘물 같은 이야기 솟아나는
기다림이 있답니다 사랑도
기다리고 있답니다

2018. 2. 17.

밀어
- 수로. 7

용궁을 다녀온 수로는
얼굴에 담긴 색깔이
곱다 못해 부끄러웠습니다
구비 너른 바닷속
숨길 것 없는 희망도
함께 춤을 추듯
파도는 노래가 급했습니다
화려해라, 그리움의 무게
향기 어딘가 보내고
사랑도 바쁘게 옷을 벗는
고요에 잠긴 속삭임
물 위에 뜬 달빛이
하냥 웃고만 있습니다

2018. 2. 17.

제9부

황홀

꽃잎이 떨어질 때엔
- 수로. 8

꽃잎은 떨어지면서
슬픔을 말하지 않는다
향기 멀리 달아난 아픔도
결코 말하지 않는다
길에 선 자는 길을 이어가는
의무가 앞장설 때
가는 걸음의 무게에는
멀리 푸른 여백에 담긴
고백조차 아름답거늘
꽃잎이 떨어진다
슬픔이라 말하지 않는
당당히 일어서는
사랑에는 더불어
기쁨도 따라온다

2018. 2. 17.

이별 예고에는
– 수로. 9

천지 미만(彌漫) 잉여에
잠시 들어있는
무언가 있다 찾으러 가는
길은 곧게 유혹으로
물살 출렁이는 손짓
지금은 오로지 찾아
펴 보일 한 가닥 소망
해 기울기 전에는
아득함을 잠재우고
짧아 서러움 곁에
다정으로 뉘고
속삭임 다하는 아쉬움
밤 깊음도 서러워라
작별이 문을 두드리는
바라봄도 아파라

2018. 2. 18.

파도의 교훈

파도의 노래를 들으려
바닷가에 이르니
성이 난 소리로 바다는
연신 합창곡만 들려주길래
다른 레퍼토리 없느냐에
귀를 열고 들으면 천지
모든 소리가 다가올 테니
마음 준비하고 들으라
마음먹기에 따라
소리 오고감이 그렇다고
파도는 말하고 있네요

2018. 2. 17.

청보리밭

겨울 청보리밭엔
기다림이 자란다
오월 종달새 사라진
오래된 기억 아쉬운
하늘 높이 구름들
그림을 그리노라 지금
인내의 겨울을 지나는
푸른 정조(貞操)의 셈법
고개 몇 구비 넘으면
변화 앞에 펼쳐질
사진 한 장이
눈앞에 선연하다

2018. 2. 17.

처용의 슬픔에는

바람난 아내를 바라보는
두 눈에 사나이의 눈물
즐김이 무어 죄랴만
돌아올 지아비의 발소리
그 소리를 외면한 채
엑스타시의 골목은 슬퍼라

깊은 파도가 출렁이는
바닷가 떠나온 추억 그곳
기억들이 문을 두드리는
방황으로 헤매는
달빛 밝음이야 꽃이 피는
향기 마구잡이로 갈지자
떠오르는 얼굴은 애달파라

내 여인이었거니
소유 목록이 없는 허무
방문을 열자 도망가는
낯선 사내의 뒷 꽁무니
너 죽고 나 살자

냅다 뛰는 골목 달빛 경주
그림자 긴
그 밤은 슬퍼라

2018. 2. 18.

뒷 모습이 아름다운 사람

앞으로 오는 얼굴은 웃고
분장의 화려가 있어
모두가 꾸미는 아름다움
몇 고개를 넘으면 으레
돌아가는 모습, 누구나
꾸미지 않는 자취에는
고운 작별 아름다움이고
하나는 낯설음 익숙한
인연의 줄기 나그네
서글픈 그림자의 표정

뒷모습은 그 사람의
아름다움을 보여주는 또는
아픈 강물을 남기고 가는
그대는 정작
어디쯤 있는 것인가?

2018. 2. 18.

인연법엔

언젠가는 만나리라
자신만의 시간과 때가
다가오는 소리를 위해
오늘을 살고 있노라면
앞에 오는 소망과
뒤에 오는 희망의 순서 또한
화려의 목록을 펼치는 것은
누구에게나 있어 다만
어느 때인가의 인연
기다림도 고개를 넘느라
때로 쉬어서 오는 이치
살아가는 일 그렇거니
뜻이 있다면 언젠가
바램의 이름은
그대의 것

2018. 2. 18.

강태공망의 아내

가난의 옷을 기워 입더니
떼 몰려오는 아픔을 참아 견디다
내려놓고 도망간 아내
조금만 기다렸다면
정경부인도 부러워할
호사를 버리고 달아난 아내에
무슨 죄가 있어
이 사내는
복수불반분(覆水不返盆)
호기를 부렸을까 요즘이면
당연히 위자료 평생 많이 주고
이혼하라 판결문엔
아내의 웃음이 피었을 것을

2018. 2. 18.

애인을 만들고 싶은 날

눈이 내리어 세상
적요(寂寥) 머무는 겨울은
바람조차 이웃으로 마실간
햇살이 창 앞에서 서성이면
평안한 얼굴을 가진 여인
애인을 만나고 싶다 그와
말 잊은 침묵이면 어떠랴
먼 들판의 적막이 눈에 들어
따스한 체온을 나누는
고요조차 물살이 되는
선연한 아름다움이야
눈빛에 고인
맑은 물 그 물빛에
영혼이 빠져
헤어나올 수 없다 해도
오늘만은 내 육신이
흠씬 젖어도 좋은
그래서 더 좋은

2018. 2. 18.

창

한 뼘 창을 열 수 있고
하늘을 불러와
어딘가 바삐 가는
구름을 보는 눈
푸른 나무들 키 자라는
소리 듣는 시원함도
마음을 열게 한다

한 줌 흙을 만지며
지구의 숨소리 들어
쑥쑥 올라오는
초목들의 소식 그 위를
햇살이 다독이는 따스함
가벼이 들뜨는 모양을
한참 바라보는 일
마음이 편안한 이유

작은 창으로 들어오는
세상의 소리 더불어

조용히 들리는 땅 소식
반가움 그만이면
사는 맛 좋구나

2018. 2. 19.

풍선

한때 어린 날은
빨간 풍선을 들고 걷는
꿈도 따라왔었다
하늘이 받쳐주는 구름
바람이 보내주는 멀리
길로 이어진 이름들
지금은 어딜 갔을까
얼굴들 이미 구름에 가린
소식 아득함도 그리운데
하늘로 날아간
빨간 풍선은 정말
어디로 갔을까

2018. 2. 19.

변화 혹은 지혜

단맛이 입안을 헹구는
한 알의 사과 좋기는 하지만
가끔은 신맛 고개 돌리는
그런 일도 섞여서 오면
오감의 맛을 아는 지혜

평평한 길만 걷는 하루
지루함을 벗어나
구릉 언덕 땀 흘리며
오르고 내리는 걸음에서
풍경에 무료 없는
보아 좋은 날들

불행의 다음 차례가
행복이라 생각하고
표정 바꾸는 장면에
의미를 알면
살아 얻는
밝은 슬기

2018. 2. 19.

kiss

하늘과 땅은
천생연분인가
떨어질 줄 모르는
키스

바다와 하늘은
손을 잡고도 뭐가
부족하여 죽고 못 사는
마주한 사랑
입맞춤

하늘과 땅
바다와 하늘
그 중간에 살아
여자와 남자
접문(接吻)

사랑이라 정리하자
서로의 가슴을 열어

맞아들이는 천지간
모두가
입맞춤인 것을

           2018. 2. 19.

소망

궁전 속 예의와 격식
그리고 말의 질서
조여오는 엄한 표정
두툼한 의상을 걸치고
참아라 인내의 대로에 묶인
권위를 내동댕이치고
아주 가볍고 편안한
옷을 걸치고 바람 들어오는
사방의 문은 열어
작아 오히려 가득한 집에
스치는 살결 체취
자유가 들락거리는
이름 좋은 사람과
두 발 뻗어 하늘 보는
그런 경치
풍경이

2018. 2. 19.

황홀*

어여쁜 여인을 보고
놀람이 아니다
아름다운 경치에
놀람도 아니다
세상에 다가온 감동은
어린애의 웃음도 있고
사랑의 승화도 있고
기막힌 음악 속에 담긴
영혼의 피어남도 있어 이것들
황홀의 이름이거니

누구는 돈이 올라가는 주식
누구는 환가(換價)를 높이는 이윤
누구는 여인을 홀리는 가식에
땀 절어 종일 만들어
퍼내는 일들도 있지만
홀로 저녁이면 내가
만나는 시의 깊이
황홀이 들어앉아
가슴을 적신다

* 광주의 진헌성 시인이 시집 〈초인의 변명〉, 〈희망공연〉, 〈슬픈 오르페우스〉, 〈화려한 정리〉 4권을 받고 전화의 제 일성임

2018. 2. 20.

제10부

명인(名人) 혹은 절창(絕唱)

놀람*

하이든은 놀람 교향곡을
아름다움으로 풀어냈다
일상의 궤도를 벗어날 때
낯선 손님처럼 다가오는
반가움은 놀람을 준다 때로
신선함을 선사하는
푸른 날개가 될 것이라
가슴이 푸르게 변하는
찬란함도 이유가 있거니
가끔은 종치 듯 울리는
가슴을 적실 때
청음에 깨어나는
곡조

* 손해일 시인이 시집을 받고 첫 일성

2018. 2. 20.

시성(詩聖)*

나는 그 말뜻을 모른다. 다만
대학 시절 강의를 들을 때
이병주 교수가 두보에 헌정한 말
많이 써서가 아니라 1405수
두보의 한 맺힌 시 행로는
눈물길이었느니 시선 이백 1072수
길 다른 길에서도 높이 쌓아
운명이 보내준 아름다움에
눈물과 술은 서로
길이 다를지라도
종점에서는 같은 합창
오늘은 내게 오는 거짓말 같은
그 빈말도 들어 즐겁다

* 시집 4권을 받고 주원규 시인의 전화 일성

2018. 2. 20.

명인(名人) 혹은 절창(絕唱)

절창이란 말은
끊을 절에 노래 창
결합하여 좋아서 '비할 수 없이
뛰어난 시가(詩歌)'라
사전은 말한다
'융합적 창조의 명인'과 '절창'*이라
어느 날 그 말을 듣고 덤덤했던
나의 그림자는 이제
돌아 시의 소리가
겨우 초라를 면했을까
지금도 속도전에서
돌아보는 추억은 서글픈
바람이 아우성인데
명인이나 절창의 깃발을 들고
넘어지지 않으려 발을
꼿꼿이 땅에 딛고
날이 날마다
용쓰는 일상이다

2018. 2. 20.

* 문학비평가 김봉군의 〈좋은 시와 소통의 기쁨〉에서 "융합적 창조의 명인"이라는 말과 "2800여 편의 시가 모두 절창(絕唱)인 채수영의 작품이다". 2015년 〈월간문학〉 6월호. p.309
* 시인 이수화 〈문학세계〉 2015년 6월호(p.79)에서 '절창'이라함.

문 앞에 이르면

문 앞에 이르면 고개 숙이리
이제 먼 길을 지나 예 이른
아슬한 고백을 풀어놓으며
긴 이야기는 아주 짧게
보고처럼 마음을 바치고
돌아 편히 쉬고 싶네

구비 많은 세상을 지나온
새 소식이야 전할 것 없는 다만
반가움에 침묵을 섞어
그림자 이끌고 온 사연만은
말씀드리리 그리하면
밝은 곳 마주 앉아
지난날을 불러 보여드리리

문 앞에 이르러 고개 숙이고
바람 싱그러운 손뼉 이제
아름다움을 보고 온 기쁨을
푸른 캔버스 물감 풀어 화려한
꿈이 들어있던 그리움을
살아 엮은 책 한 권
사랑으로 바치리

2018. 2. 20.

양파 까기

아내가 양파를 까란다
한 겹 또 한 겹 이어
……마침내
어느새 눈물
마지막에 당도한
텅 빈 허무
사는 것

2018. 2. 20.

변명

말을 사용하여 많은
길을 만든다 사람만의 길이
길로 이어지는 자기만의
정직이라 단정하는 합리가
어느 날 어긋난 답안일지라도
우선은 이유를 앞세운 변명이
다시 길을 만든다 하여 때로는
추하고 더러는 수식의
아름다운 말이 지나간다
사전의 두께가 점차
더 두꺼워지는 신음이
날마다 층을 이루지만 꼬리는
다시 꼬리를 만들어
골목이나 대로나 모두
진실이라 위장하는 속내
마음은 슬픔을 참는다
단 하나 진실의 말은
어머니가 가르쳐준
눈빛과 사랑을 말하는
그 입술뿐이다

2018. 2. 21.

평등

거짓말이다 평등 법원
상징인 저울 눈은
그림 속에서는 균형이지만
눈을 떼면 기울기 이리저리
피 흘리는 혁명의 싸움이
거기서 잉태할 뿐
자유는 피 속에서
길을 만들어 깃발이 되는
우리들 사상은 언제나 위기
앞에서 노래를 만들기 위해
다른 가사를 만드노라
땀을 흘리면서 노력하는

자유를 얻을 때
평등이 오고 평등이
저울의 균형추가 될 때
깃발은 비로소 바람에
나부끼는 꿈이 될 것인데…

2018. 2. 21.

그대 만약에

그대가 내 이름을 안다면
추억으로 감춰둔 흔적이라
꺼낼 수 없는 어느 날인가
바람 따라 가버린 기억은 마침내
하늘 끝 허무로 자리 잡아
돌아올 줄 모르는 것이
무슨 죄목이랴, 해도
살아 있어 아쉬운 어차피
쌓아둔 이름들이 살아나는
그 눈빛의 찬란함은 도무지
설명이 어려운 일이라서
저장공간이 부족한 사연을
더는 말하지 않기로
약속을 남기면서 가는
바람의 뒷자락을 그대
기억하는가 몰라

2018. 2. 21.

꽃의 묵시(默示)

꽃이 말하는 것 들었는가
그 자리 홀로 감내하는
세상 찬 눈보라 비바람
햇살 작열(灼熱)하는 한낮 정오
견디며 참아 지나는 세월
꽃이 피느니 때가 되면
말하는 것 보았는가

향기 저 홀로 피어 떠도는
이름 고와서 벌 나비 오던가
향내 퍼지면 붐비는 어느 결
길 없음도 길이 되는 이치사
침묵으로 써가는 바람 자락에
운명은 말함 없어도 지조 높아
향기만으로 뜻이 되느니

2018. 2. 21.

걸음을 걷듯

걸음을 걷듯 하루
내려가는지 오르는지
살아 있어 하루가 또 간다
걸어 이르른 어딘가
나는 오로지 갈 뿐
운명이 지정해준 길에
변명을 감추고 눈을 뜨고
다만 조용한 보폭으로
탑을 쌓듯
탑을 올리듯 하루에
또 하루가 지난다
우산을 받쳐 든 나이
어느새 이렇게 되었다

2018. 2. 21.

현기증*

책을 받고 보내온
전언(傳言)이다 멀미
살아 항상 다가오는 일상은
오로지 부지런인데
타인에겐 현기증이라니
이 또한 잘못일까

그 말뜻 칭찬인 줄 알아
무사함을 알고 있어
아픔이 아니고 다만
부지런이 누군가에게는
어지럼병인 듯 여겨
지나치다면 이젠
속도 조절이 필요할까

황혼을 그림으로
그리노라 지는 해는
마지막 붓끝이 분주하다
어찌 전할 수 있을까

2018. 2. 21.

* 시인 지은경이 보내온 문자메시지

문제의 진원

문제없는 때 있던가 살아 있어
문제는 문제가 되고
해답은 언제나 해답처럼
모호의 숲을 지나야 한다
날이 날마다 생산하는 목록엔
새로운 것들이 양산하는
문제는 점차 높아지지만
그 아래 해답을 짜내는
과학자는 증명이 바쁘고
시인은 노래를 만드노라 모두
머리가 아플 지경이지만
다시 문제로 돌아가고
해답은 해답처럼 행세하는
날마다가 모여 역사가 되는
이리 사는 것
이렇게 살아가는 것

2018. 2. 22.

월매의 호들갑에는

오로지 생각이 깊으면
넘어지는 모양이
사람들에겐 웃음이
꽃처럼 피는 이유를
늙어 월매는 모를 리 없다
아리따운 춘향의 고움에
지나가는 바람도 놀라
희롱이 꽃에 이르는 것은
죄가 아니고 당연지사라
아끼고 사랑하는 이유가 깊어
호들갑이 떨리는 바람길
어찌하여 멈출 수 있을라

계산 없는 향기는
길을 몰라 찾아가는 마침내
담을 넘어 설혹 쇠창살이라 해도
무궁(無窮)이 주는 사랑 앞에서
흔들림이 죄라면 그 죄
변사또도 어찌지 못할
오로지 달려가는 속도
멈추지 못하는 일도

때로는 숨 막히는 가슴에
담겨 서러운 정말로
사랑이었으니 거지꼴에
"밥 없네" 몽룡을 향한 거절은
사랑 때문이란다

                                        2018. 2. 21

황진이의 고백

세상을 아무리 휘저어도
남는 것은 사랑이라기에
술잔에 빠진 달이나 별
빛나는 것이 사라진
어둠은 이내 지나갔거니
아침이 온다 한들 바람 따라
가버리는 자취 아득한데
물살이 사라진 하늘에
위로의 손길이 된 스승
존경은 사랑보다 높은데
고혹(蠱惑)을 버리고
존경을 얻은 우리
진이는 마음이 참으로
고와서 서럽답니다

2018. 2. 22.

위로

운명은 어디선가 들리는
소리의 행방으로 다가올 것 같아
창문을 열어 놓고 바람이
소리 없이 기어드는
누군가 속삭이는 말들
귀에 이르는 기척에
반쯤 열어 세상의 넓이
아쉬움으로 지나는 시선
하늘의 속삭임이 보내주는
부드러움으로 포장된 선물을
날마다 받으면서도 어딘가
감사의 편지를 쓰고 싶은
살아 있어 행복함도
얼마쯤 누릴 것인가 이제
지난 것들을 바라보는
후회가 길을 넓히는 이유를
조금은 알 것 같아
위로가 됩니다.

2018. 2. 22.

달빛 유혹

우리 집 3층 석탑에 와서는
옷을 벗는 일이 하 수상하여
밤새워 지켜보기로 작심하고
눈을 뜨고도 게슴츠레 언제
마저 벗을까 관음증
호기심이 깊어 그만
실루엣 날리는 가늘은 바람결에
미소만 남기고 서 있는 자태
부끄러움에 눈을 감았습니다

우리 집 쌍사자 석등에 내려온
달빛은 전혀 본 적이 없는
유혹의 향기가 나부끼는
저 홀로 무슨 사연이 있는지
몰래 달빛에 어울리면서
그림자놀이에 취한
흐느끼듯 젖어진 파도가
소리 잠든 정원에서
춤을 바라보는 관객이
나 혼자여도
침이 마릅니다

2018. 2. 22.

다작 변명

〈초인의 변명〉을 시집 제목으로 썼다
다작(多作)이 욕먹기에 배부를 것이지만
내가 좋아서 하는 노릇 밤낮
누구 얼굴 떠 올릴 이유도 없고
초라를 가장할 일도 아니지만
보내준 시집 네 권 일람(一覽) 후
부산의 친구 김석규 시인은 전화로
'초인적 능력'이라 칭찬한다
그 말이 내 발등에 떨어지자
슬퍼진다 까닭 몰래
이기기 게임이 아닌 다만
신명(神明)이 잽혀 봉두난발
무당의 덩더꿍 춤이건만
읽어 준 것만으로도 가슴
쿵쾅거리는 파도가 종일
노래가 되고 있었다*

2018. 2. 22.

절絕
창唱

초판 인쇄   2018년 3월 12일
초판 발행   2018년 3월 17일

지은이 채수영
발행인 임수홍
편 집 안영임
디자인 맹신형

발행처 도서출판 국보
주 소 서울 강동구 양재대로 114길 32 2층
전 화 02-476-2757~8   FAX 02-475-2759
카 페 http://cafe.daum.net/lsh19577
E-mail kbmh11@hanmail.net

값 13,000원

ISBN 979-11-86487-96-9

· 저자와의 협약에 의해 인지는 생략합니다.
· 이 시집의 글은 저작권법에 따라 보호를 받는 저작물이므로 저자와 출판사의 동의 없이는 무단 전재 및 무단 복제를 금합니다.

· 잘못된 책은 바꾸어드립니다.

「이 도서의 국립중앙도서관 출판예정도서목록(CIP)은 서지정보유통지원시스템 홈페이지(http://seoji.nl.go.kr)와 국가자료공동목록시스템(http://www.nl.go.kr/kolisnet)에서 이용하실 수 있습니다.(CIP제어번호: CIP2018007029)」